MISCELLANÉES

PAR

Henri BARDY

———

****

SAINT-DIÉ
TYPOGRAPHIE ET LITHOGRAPHIE C. CUNY
—
1902

A PROPOS D'ÉTYMOLOGIE

LE
HAUT-DE-FÊTE

En lisant dernièrement, dans les *Mémoires de la Société d'Émulation du Doubs (1900)*, le savant travail du Dr J. Meynier, de Besançon, sur « les noms de lieux romans », notre attention s'est arrêtée un instant sur le nom de *festum*.
« Le *festum*, dit-il, était originairement
« le jour de fête (Ovide) ou la fête elle-
« même. Au moyen-âge, il est devenu le
« plaid général, le lieu où il se tenait.
« Les plaids généraux ont pris le nom de
« fête *(festum)* ou de foire *(feria)*, parce

« qu'ils se tenaient ordinairement à l'oc-
« casion ou à la faveur des assemblées
« que ces solennités provoquaient ».

A la lecture de ce passage, nous avons naturellement pensé à un « lieu-dit » très voisin de nous et que tous nos concitoyens connaissent au moins de nom. C'est cet endroit situé sur la montagne qui nous sépare de Sainte-Marie-aux-Mines et qui, dominant le côté nord du col, s'appelle le *Haut-de-Feste* ou de *Fête*.

On le nomme aussi le *Haut-de-Faîte*, ce qui est un pléonasme et ne signifie rien.

Dans les temps anciens, la montagne elle-même s'appelait la *Montagne-de-Feste*.

Par un acte du mois de décembre 1316, le comte de Ferrette Ulrich III (mort en 1324) promet aux chanoines de Saint-Dié de garder leurs biens situés en Alsace : « Nous Olris, cuens de Feirete,
« faisons sçavoir à tous que home hono-
« rable le doyen et le chapitre de Saint-
« Diey de l'évesché de Toul, le singulier
« chanoine du iceluy, eux, lor servant et

« lor biens, sunt en nostre warde par
« toute notre terre et en nostre pôoir...
« ainsy nous avons assurez et assurons
« *de sai la montagne de feste par devers*
« *Allemeigne*... »

Les possessions du Chapitre sont bien indiquées comme étant « en deçà de la montagne de Feste, du côté de l'Allemagne », c'est-à-dire en Haute-Alsace et dans la partie comprise dans le diocèse de Bâle. On sait que, par un acte de 1271, les comtes de Ferrette avaient déclaré tenir leurs domaines en fief de cette église.

On trouve encore la *montagne de Feste* citée dans un titre de 1451, où il est question d'un acquêt qui y est fait, par deux habitants du hameau des Merlusses, de maisons, prés, champs et jardins.

Sur le sommet de cette montagne et à proximité de la route allant de Lorraine, en Alsace, Thiébaut II, duc de Lorraine avait fait construire, en 1311, un château-fort pour protéger le péage — nous dirions aujourd'hui la douane — qui existait au col de Sainte-Marie pour tout ce qui entrait en Alsace ou qui en venait. Si, plus tard, la montagne dans son ensemble perdit son nom de *Feste,* la nouvelle construction le conserva et s'appela *Château* ou *Castel-de-Feste, de Fête* ou *sur-Feste.* Ce devait être une simple tour de garde (Wachthurm), comme il y en avait pour surveiller les défilés et les passages des montagnes et dont on voit encore les ruines en plusieurs endroits, par exemple celles du Rosemont, près de Giromagny, et de la tour de Milandre, si bien conservée, dans le Jura, entre Delle et Boncourt.

Le passage que protégeait le *Château-de-Feste* prit le nom de *Warde de Wyzembach.* Le péage est dénommé *peaige dou Beffroy de Wizembeiche* dans un titre du duc Ferry III de Lorraine, du 2 mai 1290, sans doute parce qu'il y avait déjà de longue date, en cet endroit, un « speculum » ou poste d'observation et de signal.

Après la destruction de la forteresse, son emplacement continua à s'appeler le

Château-de-Fête ou plutôt *Haut-de-Fete*. Il est plus connu des habitants de la vallée de Liepvre sous le nom de *Redoutes suédoises*, parce que, pendant la guerre de Trente ans, on y avait élevé des retranchements pour défendre la Côte.

Joanne, dans son *Guide Vosges et Ardennes*, parle du *Château-sur-Faîte*, « dont le nom a été transformé successivement en *Château-de-Faîte* et *Château-de-Fête*. » D'autres auteurs prétendent qu'il s'est ainsi appelé parce qu'il a été bâti au sommet ou sur le faîte de la montagne Dans sa *Topographie ancienne du département des Vosges*, le Dr Fournier se sert aussi du mot *faîte*. Il dit encore, dans l'ouvrage *Du Donon au Ballon d'Alsace*, que « le *Champ-de-Fête* (entre Saint-Maurice et le Ballon) désigne un lieu élevé qui est au *faîte* ».

Plutôt que de souscrire à cette étymologie, nous aimons mieux, nous ralliant à des idées chères au Dr Fournier et auxquelles il n'a pas songé en cette circonstance, traduire purement et simplement, un lexique latin-français à la main, « *festus, a, um,* » par « consacré, de fête, solennel, et le substantif neutre *festum* par fête, jour de fête, solennité ».

Nous retrouvons ici le *festum* du Dr Meynier et nous nous expliquons parfaitement les lieux-dits de ce nom, qui sont assez fréquents non seulement dans les Vosges, mais dans plusieurs localités de France. Pourquoi les *festes* ou *fêtes* des sommets de nos montagnes n'auraient-ils pas été des lieux consacrés au culte solaire du dieu Belen ? Il y en avait depuis le Donon, la montagne sacrée par excellence, jusqu'au Ballon d'Alsace : la *Montagne-de-Fête* pour les Vosges moyennes ; le *Gazon-de-Fête* pour les Hautes-Vosges ; le *Champ-deFête* pour les Vosges méridionales.

Il était tout indiqué que ces lieux élevés — les « hauts-lieux » du Paganisme — devinssent jadis des lieux de rendez-vous pour les populations voisines, comme ils le sont encore de nos jours à certaines époques. Ces réunions, ces *gil-*

des, suivant la vieille expression tudesque, ont dû être plus fréquentes, dans les parages vosgiens, qu'elles ne le sont maintenant. Elles se sont néanmoins maintenues plus ou moins longtemps en quelques endroits. On voyait presque toujours, devant les métairies disséminées sur les ballons et les chaumes, des dansoirs à demeure, où garçons et filles venaient parfois danser et *faire la fête*. Dans notre jeunesse, nous avons assisté, à la métairie du Ballon d'Alsace, à une de ces assemblées rustiques ; des Lorrains de Saint-Maurice, des Alsaciens de Sewen et du Puy y prenaient leurs joyeux ébats avec une exubérance de cris, de rires et de gestes tout-à-fait amusante.

Il y avait bien d'autres localités, qui n'étaient pas sur faîtes, mais qui, situées dans des fonds en plaine, ou sur des emplacements divers, portaient le nom de *festé* ou de ses dérivés : *Festes* (Aude), la *Feste* ou *Fête* (Côte-d'Or, Marne, Savoie, Vienne*)*, *Festel* ou *Fêtel* (Somme), la *Fête ric* (Nord), la *Fêtière* (Indre-et-Loire),

Festieux (Aisne), *Fêtin* (Cher). Ces *festes* ou *fêtes* sont généralement des lieux-dits d'endroits où se tenaient des réunions et des marchés. Telle est la signification de leur nom ; on voit qu'il n'a rien de commun avec celui de *faîte* ou sommet, comme on le croit souvent, et c'est avec raison qu'il est écrit, dans la carte routière de l'arrondissement de Saint-Dié par P. Antoine, Château de *Fête*, ainsi que le *Dansant-de-la-Fête*, nom caractéristique pour un endroit situé à quelque distance au nord.

En résumé, en ce qui concerne notre région vosgienne, on ne doit pas dire ni écrire le *Haut-de-Faîte*, mais le *Haut-de Fête*, le *Château-de-Fête*, *Châtel-sur-Fête*.

Ce mot *festum*, neutre, est devenu, selon la règle, le masculin *feste* ; mais son pluriel *festa*, devenu féminin singulier, a donné au provençal et à l'italien *festa*, à l'espagnol *fiesta*, et au vieux français *feste*.

Voilà, nous dira-t-on, bien des mots pour trouver une signification, qui paraît pourtant si simple. Mais que ne va pas chercher la manie étymologique? Lisez plutôt le récit suivant qui vous expliquera — en y mettant beaucoup de bonne volonté — pourquoi le *Haut-de Fête* s'est ainsi appelé.

On était à la mi-décembre 1674. Turenne, opérant sa célèbre marche le long du versant lorrain des Vosges pour aller en Alsace surprendre les Impériaux, se trouvait dans son camp du Longuet, près de Remiremont. Il envoyait, de là, des détachements pour reconnaitre les différents débouchés, et choisit pour se porter du côté de Sainte-Marie-aux-Mines, le comte de Bourlémont d'Anglure, officier d'un courage bouillant et aventureux. Le val de Liepvre était occupé par de nombreux Lorrains. Un poste d'infanterie lunebourgeoise gardait la haute montagne — celle qui avait porté le nom de *Feste* — au col de laquelle passait la route de Schlestadt. Bourlemont n'avait que 250 fantassins et 50 cavaliers ; il crut néanmoins, par un coup d'audace, pouvoir enlever le poste allemand, mais il trouva la hauteur déserte. Les Lunebourgeois s'étaient retirés... Tout-à-coup, le 17 décembre, il se voit attaqué par 800 hommes d'infanterie et 300 dragons, sous les ordres du colonel Melleville. « Les Français, dit Ch. Gérard dans sa belle relation de *La bataille de Turckeim*, se défendirent avec une telle vigueur qu'ils allaient battre l'ennemi, lorsque le général Chauvet lança sur eux une réserve de 400 hommes. Ils firent des prodiges ; l'héroïsme du désespoir les surexcitait. Bourlemont, au plus fort de la mêlée, ivre d'un remord tragique, cherchait la mort comme l'expiation de son imprudence. Enfin, enveloppée, resserrée de toutes parts, accablée par le nombre, la petite troupe du comte tenta un effort suprême. Elle avait vu les dragons de Boufflers, au pied de la montagne, en deçà du village de Wisembach ; ils étaient trop faibles pour la secourir, assez forts pour la sauver d'une extermination totale. Par une furieuse trouée à travers l'ennemi, elle opéra sa retraite sur le corps de

Boufflers. Le comte de Bourlemont et trois officiers tombèrent vivants aux mains de l'ennemi, quatre-vingt soldats furent tués ou blessés ; mais les Allemands en perdirent 200 ».

Le sang des Français laissa un nom à l'endroit de la montagne où se livra ce sanglant combat. On l'appela le *Haut-de-la-Défaite*, et par corruption ou par syncope le *Haut-de-Faîte*.

On avouera que voilà une étymologie un peu tirée par les cheveux. Il vaut mieux revenir à l'ancien mot *feste* ou *fête,* qui s'explique d'une manière plus naturelle et surtout plus philologique.

Saint-Dié, 22 Novembre 1901.

LES
SIRES de PARROY
AU
Chapître de Saint-Dié

Dans son intéressante « Etude historique sur l'Ancien ban de Fraize, » publiée dans le dernier Bulletin de la *Société philomatique vosgienne,* (1900-01 ; pp. 199-280), M. l'Abbé G. Flayeux parle de la famille noble de Parroy qui, au Moyen-Age, posséda plusieurs terres dans le Val-de-Galilée, notamment celles de Fraize et de Taintrux. Il cite également les noms de trois ou quatre membres de cette vieille et illustre famille de la chevalerie lorraine qui firent partie du Chapitre de Saint-Dié comme dignitaires.

Il y en eut bien davantage, et, durant près de quatre siècles, on voit presque constamment des de Parroy parmi les chanoines de notre Insigne Eglise. Le rapide coup d'œil que nous désirons jeter sur eux ne manque pas d'actualité au moment où un habile artiste-sculpteur de Paris, M. Brœmer, ancien élève des Ecoles des Beaux-Arts et des Arts décoratifs est occupé à restaurer le tombeau de Burnequin de Parroy, retrouvé dans le transept nord de la Cathédrale à la fin de 1897.

Cette famille de Parroy ou Parroye, dont le château patrimonial et le domaine principal étaient situés non loin de Lunéville, avait d'importantes propriétés dans la vallée de la Haute-Meurthe. Pendant un temps, elle tint en fief du duc de Lorraine le château de Spitzemberg, forte position qui commandait tout le pays, et la sous-vouerie du Chapitre de Saint-Dié fut entre ses mains au commencement du XIIIe siècle. Elle pouvait donc se considérer ici comme chez elle, et il ne faut pas s'étonner si notre église, objet de ses prédilections, fut choisie, de préférence à toute autre, pour y placer plusieurs de ses membres.

.•.

Les premiers dont les Annales déodatiennes nous révèlent les noms sont les deux frères Simon et Albert, sires de Parroy, le premier chantre et le second chanoine de Saint-Dié. Ils sont cités dans une lettre de donation faite à cette Eglise, en 1209, par Ferry, duc de Lorraine.

En 1276, le chanoine Anselm de Parroy fut choisi par le Chapître pour être arbitre dans la plain qu'il formait contre les exactions de son Grand-Prévot Ferry, fils du duc de Lorraine, Ferry III.

A la même époque vivait un Warnier de Parroy, qualifié simplement de prêtre, auquel Aubert (Albert) de Parroy, écuyer, fils, de Jean, chevalier, et de Béatrix déclare, en 1280, avoir acheté tout l'héritage qu'il tenait du Chapître au Val-de-

Galilée, sans pouvoir jamais rien réclamer aux chanoines pour cette acquêt. Ce Warnier fut, dit-on, le fondateur de la chapelle de la Blanche-Mère de Dieu (*albæ matris Dei*) à la Collégiale de Saint-Dié.

En 1291, au mois de Juin, mourut Simon de Parroy, chantre du Chapitre. Ce n'était évidemment pas le même personnage que celui du même nom, dont nous venons de parler et qui vivait au commencement du siècle. L'écart entre les dates, 1209 — 1291, suffit pour s'en convaincre. Tous deux ont occupé la dignité de Chantre.

Par testament, fait en mai avec toutes les formalités capitulaires usitées, Simon II légua à son écuyer Henri son roussin noir, à sa servante Isabelle son *garnichium* (*vestem talarem*), vêtement qui descend jusqu'aux talons, et à messire Simon, un de ses chapelains, son *epitogium*, c'est-à-dire la casaque que l'on mettait par dessus la robe ou toge. A ses sœurs Isabelle et Marie, toutes deux religieuses (moniales), il légua, leur vie durant, 60 sous dus annuellement au testateur par le sire du Châtelet, son frère ; abandonnant à ses sœurs le revenu du passage (péage) de Mandres-sur-Vair jusqu'à ce qu'elles soient remboursées des 10 livres qu'il leur doit. Il légua, pour son anniversaire, à l'église de Saint-Dié, 20 soudées de terre sur sa maison, dont il laissa l'usufruit à Jean de Landaville, son neveu, et avec le consentement de son frère Albert de Parroy, 30 autres soudées à prendre sur les tailles de la Pêcherie, de Marzelay et du Viller. Enfin, il choisit pour exécuteurs testamentaires le Grand-Prévôt, qui était alors Gauthier de Firocourt, et messire Villermin, curé d'Anould, qu'il appelle aussi son chapelain.

Une délibération capitulaire de 1294 ordonne que tant qu'Ancelin de Parroy ne fera pas son stage, les fruits de sa prébende seront distribués, ainsi que 66 muids moitié froment et moitié avoine à prendre sur les dîmes et revenus, suivant l'usage, et 30 livres des revenus d'Anould et tous les produits de Pierrepont avec les dîmes de Taintrux, lorsque ces revenus et dîmes seront vacants. Il fut en outre décidé que chaque chanoine ou vicaire, résidant et assistant aux offices du chœur, recevra chaque jour 4 et 3 deniers.

Il est à peu près certain que cet Ancelin, appelé Anceline par Rigue! dans ses *Mémoires historiques et chronologiques*, n'est pas le même que celui dont nous venons de parler, et qui, étant chanoine dix-huit ans auparavant, jouissait auprès de ses confrères d'une grande autorité et avait une réputation de sagesse qui le fit choisir pour arbitre dans une affaire qui demandait beaucoup d'expérience et de présence d'esprit. C'était peut-être un neveu de celui-ci.

Au XIVe siècle, nous trouvons trois membres de la famille de Parroy du nom de Burnequin ou Brunekin et deux du nom de Jean parmi les dignitaires et les membres du Chapitre. Du premier Burnequin nous ne savons que ceci : c'est qu'il était mort avant 1350, après avoir été chantre et sonrier du Val. Ce fut bien certainement lui qui, en cette dernière qualité, acquit en 1342, au nom du Chapitre, 100 soudées de terre hypothéquées sur une maison derrière l'église de Saint-Léonard et sur la moitié du moulin, moyennant 120 livres de bons petits tournois.

Nous connaissons mieux le second dont le tombeau a été retrouvé à la Cathédrale et que l'on restaure en ce moment. Nous en avons parlé dans un précédent article (Voy. *Miscellanées* nº 6, p. 29-37). A ce qui en a été dit, nous ajouterons quelques nouveaux détails. Son épitaphe rappelle qu'il occupait aussi la dignité de chantre au Chapitre de Saint-Dié, et qu'il était de plus chanoine-trésorier de l'église de Toul et prévôt de celle de Remiremont. C'était, comme on le voit, un haut et puissant personnage. Nous le voyons, en 1361, assister avec son frère Jean, écolâtre, et plusieurs autres chanoines, à la prestation de serment du duc Jean de Lorraine,

jurant devant le grand autel de saint Dié de défendre l'Eglise et d'en maintenir les privilèges comme ses devanciers s'y sont obligés. En 1363, il était sonrier du Val, et, comme tel, confirmait au nom du Chapitre des biens à Sainte-Marguerite. Comme Prévôt Saint-Pierre de Remiremont, nous voyons, le 13 mai 1366, « Burnequins de Perroies » signer deux actes concernant les fortifications à construire à Remiremont. Dans le second de ces actes, Burnequin est indiqué comme une des personnes choisies, avec son parent messire Ferry de Parroy, chevalier, pour surveiller les travaux de construction, « ordonner selon leur volontey de
« la dite fermetey, por fare et deviseir
« portes, poternes et autres entrées,
« condempner et faire abattre icelles et
« toute aultre chose faire et ordonner qui
« à fermetée de ville appartient, au prosfit
« de l'église et du monastère. »

La maison canoniale de Burnequin était située au dire de Gaston Save (*L'Ancien Saint-Dié*, p. 7), dans la rue

Cachée, (*Conchiée rue*) entre la tour de la Grande Colombière et la porte Vian. Ce chanoine avait, avec l'autorisation du Chapitre, fait percer la muraille, derrière sa maison, et pratiquer une poterne défendue par un pont-levis.

On sait qu'il mourut le 12 Décembre 1369. Dans notre étude précitée, nous avons donné son épitaphe.

Le troisième Burnequin de Parroy était écolâtre et sonrier de la Ville. Il mourut en 1395.

Ajoutons ici que les armes de cette famille étaient *de gueules à trois lions d'or, deux et un, à la bordure engrelée d'azur.*

Nous avons dit qu'il y eut au Chapitre deux Parroy du nom de Jean. Ils étaient presque contemporains. L'un était sonrier ou chef de police de la ville en 1344. Son sceau figure, en cette qualité, dans la *Sigillographie de Saint-Dié* par Edouard Ferry et Gaston Save (fig. 87) : il est orbiculaire, de 0^m 021 de diamètre, contenant dans le champ un écu ogival dont la bordure est engrelée et porte les trois lions rampants des Parroy, avec la légende s. .. CELL... SCI. DEODATI †. L'abréviation CELL. signifie *Cellerier*, nom qu'avait auparavant porté le sonrier.

L'autre Jean, écolâtre en 1357, fils du chevalier Albert de Parroy, était le frère de Burnequin II, chantre et sonrier du Val à la même époque. Il avait succédé à Jean I comme sonrier de la ville et le sceau dont nous venons de parler pourrait être attribué aussi bien à l'un qu'à l'autre. Il succéda à son frère comme prévôt Saint-Pierre de Remiremont. En 1374, Jean de Parroy donne quittance à Jean de Saint-Lynard (ou Liénard), chanoine, de l'argent qu'il avait touché et employé en 1369 pour défunt Burnequin, son frère. Il posséda pendant un certain temps le moulin dit *de Fraze*, (aujourd'hui *les Grands Moulins*), qui est désigné sous son nom dans un acquêt fait, en 1387, par le Chapître de deux sous de strasbourgeois de cens sur une maison située devant ce moulin, moyennant 40 sous de la même monnaie.

Après avoir rempli pendant plus de quarante ans l'office du sonriat de la ville, il fit son testament en 1394. Cet acte, curieux au point de vue de notre histoire locale, est donné dans les *Mémoires hist. et chron.* de Riguet. En voici la substance d'après cet auteur :

« Jean de Parroy choisit sa sépulture en l'Eglise de Saint-Diey, au lieu où son frère Burnequin est ensevely. Il donne pour son anniversaire en l'église de Saint-Diey tout ce entièrement que ses très chers et bien aimés nieps (neveux), M^{res} Jean de Parroy et Andreu, frères, peuvent et doivent avoir ez Trois-Villes et Hellieule. Il donne à la chapelle qu'il a fait édifier en l'Eglise de Notre-Dame un prey qui est devant Remiremont qu'on dit *au Breux* et plusieurs autres donations considérables. — Il lègue à Jean, son fauconnier, son cheval, son oizel, c'est-à-dire son faucon, et 12 francs une fois payés. — « Je donne à mes chape-
« lains qui, du temps, m'ont servy et
« chanté devant my, sçavoir ; à Mre Jean

« Varin 16 francs, à Mre Gérard Vichardy
« 10 florins, à Mre Henry Druey, 10 francs
« à payer pour une fois. Je donne à la
« Chantrerie une hière de meix qui est
« enclos dans le jardin de laditte Chan
« rie. » Il choisit pour exécuteurs testamentaires Jean de Parroy, chevalier, et Andreu, son frère ; Perrin de Bulgnécourt, jadis bailly de Chastel; Mre Brenique, chanoine de Saint-Diey, et Mre Vilderich, doyen de notre église ; et par devers Remiremont seigneur Gille de Lucey, chanoine de Remiremont. Il prie, en terminant, le senier de la cour de Saint-Dié de mettre son sceau à ce testament.

Jean de Parroy, chevalier, et Andreu, écuyer, ratifièrent toutes les donations faites par leur oncle Celui-ci mourut un mois après avoir écrit ses dernières volontés. Il eut pour successeur, comme écolâtre et sonrier de la ville, le chanoine Gobert de Saint-Amand.

Remontons de quelques années en arrière et nous verrons, en 1368, Valtrin (Vautrin) de Parroy, fils de noble homme

Ferry, chevalier, adresser une appellation au Saint-Siège. Il se disait pourvu canoniquement par le Doyen et le Chapître de Saint-Dié d'une prébende vacante par la mort d'Henri de Blâmont, alléguant que de plein droit la collation, provision et institution appartenaient aux chanoines. Cette appellation était contre un nommé Thierry de Sancto Balsamo, qui avait obtenu la prébende du pape Grégoire XI. On voit d'après un compte capitulaire de 1382 que ce fut Balsamo qui l'emporta.

Dans un rouleau ou rotule de l'an 1373 se trouve le nom de messire Albert de Parroy parmi ceux des chanoines qui ont gagné le *presentibus*. On se souvient qu'un membre de sa famille avait fondé jadis, dans l'église de Saint-Dié, la chapelle de la *Blanche mère de Dieu*. Comme il en était naturellement collateur, il en disposa au profit de Jean Gérard de Gerbéviller, puis à celui de Didier Codiger.

⁂

C'est ce même Albert (ou Aubert), écuyer, qui est prévôt du Chaumontois en

1419, sonrier de la Ville en 1421. Il avait pour frère le chevalier Ferry, bailli de Nancy. On le voit, en 1427, procéder à l'élargissement de Poirat le *peschour*, accordé par le chapitre sur la prière de plusieurs habitants de la ville, moyennant 40 francs. Par son testament fait en 1437 sous le sceau du Chapitre, il choisit sa sépulture dans l'église de Saint-Dié, auprès de Jean de Parroy, son oncle ; léguant au Chapitre pour son anniversaire annuel, le prix de la maison qu'il habite, son année de grâce, 10 francs de rente sur tous les biens qu'il peut avoir aux bans et finages de Taintrux et du Ban-de-Sapt, et subsidiairement sur les terres de Fraize et de Saulcy. Il légua à ladite église six grands godets d'argent pour en faire des calices ; son grand bassin et le lave-mains, pour laver les pieds des pauvres le Grand Jeudi. Il fit de nombreux legs à sa servante ; laissa à Vauthier, son clerc, deux petits gobelets ; à Gaspa d sa cotte de fer, un épieu et un paon ; à ses éxécuteurs testamentaires, son cheval baussan.

Il paraît que ce testament suscita quelques difficultés avec des membres de la famille, car deux ans après, en 1439, une sentence arbitrale rendue par Valentin, abbé de Moyenmoutier, et Ferry de Clézentaine, grand Prévôt de Saint-Dié, condamna le Chapitre à payer au chevalier Ferry de Parroy l'année de grâce d'Aubert, chanoine et chantre.

Ce Ferry eut encore à soutenir un procès avec le Chapitre à cause d'une maison située à Anould, finage de la Raingoutte.

En 1489, René de Parroy, chanoine, accompagné de Jean, son frère, tous deux fils de feu Ferry, chevalier, jadis bailli de Nancy, donna au Chapitre, pour son anniversaire et celui de ses parents, 100 francs de Lorraine à lui dus par son neveu Ferry, fils d'Andreu de Parroy et de Marguerite de Chambley, ces 100 francs assignés sur la moitié de la seigneurie du Ban-de-Sapt qu'il possédait. Ce même René se rencontre déjà dès 1457 ; il est nommé dans le livre des distributions des revenus du Chapitre comme ayant reçu moins que les autres chanoines parce qu'il était de « la basse-forme » c'est-à-dire des basses stalles.

✳
✳ ✳

A partir du commencement du XVI⁰ siècle, on ne constate plus au Chapitre de Saint-Dié la présence des Parroy.

Dans la rapide revue que nous venons d'en faire pendant les XIII⁰, XIV⁰ et XV⁰ siècles il doit y avoir d'assez nombreuses lacunes par suite de la rareté des documents ; mais nous ne croyons pas avoir fait de double-emplois. Cela semble pourtant inévitable quand on songe combien, dans cette famille, sont répandus les prénoms d'Aubert ou Albert, Andreu, Burnequin, Ferry, Jean et Simon.

Notre but a été simplement de relever les noms des sires de Parroy, au point de vue de l'histoire de notre Insigne Eglise collégiale, d'après les *Mémoires* de Riguet et l'*Inventaire sommaire des Archives départementales des Vosges* (série G), laissant à de plus érudits le soin de faire, à l'aide de documents généalogiques et de pièces d'archives, un travail complet sur une vieille et puissante maison qui eut, aux temps passés, un si grand renom dans toute la Lorraine.

Saint-Dié, 10 Février 1902.

CANDIDATURES EXCENTRIQUES
dans les Vosges

Le *Petit Journal* a publié dernièrement (n° du 24 avril 1902), sous ce titre *Les Candidats comiques,* un article très amusant à propos de quelques personnages qui, en ce moment, sollicitent du suffrage universel l'honneur de le représenter à la Chambre des Députés.

Cet article, où l'on passe rapidement en revue un certain nombre d'originaux dont les professions de foi, plus ou moins cocasses, ont égayé le public, nous a remis à la mémoire un des dossiers de notre collection de documents sur Saint-Dié et les Vosges.

Il y a dans ces intéressantes petites feuilles, écloses au cours de diverses périodes électorales, des programmes politiques d'une singularité bien bizarre. On n'a, en quelque sorte, que l'embarras du choix.

C'est pendant la seconde République, en 1848 et 49, que nous trouverons les professions de foi les plus variées. Nous n'avons qu'à dépouiller notre recueil; il y en a de toutes les façons, de toutes les dimensions, de tous les styles, et le style comique ne fait pas défaut, comme on va voir. Commençons par les moins drôles.

Beaucoup de Vosgiens se souviennent encore, tout au moins par ouï dire, du nom de J. C. DOCTEUR, imprimeur à Raon-l'Etape, auteur et éditeur des fameux *Almanachs de la Gaieté* qui obtinrent autrefois, dans notre pays, un succès de joyeuse popularité.

Ce n'était pas le premier venu comme instruction et valeur intellectuelle, loin de là; mais c'était un original fini, un type tout-à-fait excentrique, ayant une très haute opinion de lui-même. Aux élections du 23 avril 1848 pour l'Assemblée Constituante, il posa sa candidature, et, dans une circulaire un peu longue — elle a quatre pages format in-quarto, — énumérait ainsi ses titres à la confiance des électeurs du département des Vosges :

« Le citoyen Docteur (Jean-Claude),
« auteur de plusieurs ouvrages d'une
« profonde philosophie, d'un roman com-
« posé en 1840 dans un esprit très libéral
« et intitulé le *Château de Pierre-Percée*,
« Rédacteur d'un Almanach très popu-
« laire, Père de famille et Membre de
« plusieurs Sociétés savantes, se propose,
« à tous ces titres, comme Candidat » ;
et il ajoutait ces alléchantes promesses, qui devraient aujourd'hui nous faire rêver :
« Je vous promets, avant tout, de porter
« la hache, avec les amis politiques qui
« ne me manqueront pas, dans cette forêt
« d'appointements luxueux, qui sont in-
« compatibles avec un Gouvernement
« républicain, et qui portent le désastre
« et les privations dans nos familles. A cet

« effet, des discours clairs et très énergi-
« ques sortiront de ma plume, seront
« imprimés à mes frais, et seront mis
« sous les yeux des Représentants du
« peuple. »

Le candidat raonnais avait élaboré un plan de Constitution « républicaine et raisonnée », qu'il comptait soumettre à l'Assemblée nationale si les suffrages de ses concitoyens l'appelaient à y siéger. Des mesures d'intérêt public qui en ressortaient, quelques-unes sont assez curieuses pour être signalées ; on pourrait peut-être les mettre à profit, surtout celle-ci qui ferait faire de belles économies à notre lourd budget : « Aucun traitement,
« en France, ne pourra jamais excéder le
« chiffre honnête de six mille francs.
« C'est assez pour payer le temps d'un
« homme qui travaille pour le peuple ;
« car un homme du peuple, en travaillant
« pour la classe riche, ne gagne jamais le
« quart de cette somme. »

Deux articles de cette fantaisiste Constitution se rapportaient aux Cultes : 1°

Pour que les cultes soient entièrement libres, l'Etat devait renoncer à la nomination des évêques et des ministres de toutes les religions. Les évêques seront élus par tous les citoyens catholiques, comme cela se pratiquait dans la primitive Eglise. Devront être éligibles à cette dignité, tous les curés, desservants et vicaires, résidants dans le diocèse. — 2º La qualité de prêtre, ou de ministre d'un culte quelconque, est incompatible avec l'exercice ou l'usage des droits politiques. Les hommes qui se sont voués par état au gouvernement des âmes devraient se faire gloire de cette abstention de soucis mondains, dont Jésus-Christ leur a donné l'exemple. La Religion et la Politique sont deux choses qui, comme l'huile et l'eau, ne peuvent être mêlées et doivent toujours rester séparées.

Quant au Gouvernement, il était des plus simples et très économique : L'autorité souveraine devait être exercée dans toute la France par un Sénat en permanence dont les membres, jouissant d'un traitement de six mille francs (décidément Docteur tient à ce chiffre!), seront élus pour cinq ans. Deux sénateurs pour chaque département suffiront. Ils seront élus à la majorité relative des voix par tous les Citoyens du département. Tout Citoyen français pourra être élu à cette dignité. Les Ministres du gouvernement seront pris dans le Sénat et ne pourront rien décider que par son ordre.

Et, dans sa profonde philosophie, l'excellent candidat ajoutait en termes passablement emphatiques : « Français, le grand jour de notre régénération politique
« approche: c'est le jour de Pâques qu'elle
« doit avoir lieu ; c'est le jour, encore au-
« jourd'hui célébré, où le peuple hébreu
« s'affranchit de la tyrannie du roi Pha-
« raon. C'est le jour où le Christ se rendit
« lui-même à la vie pour régénérer le
« monde. Que le jour de Pâques soit aussi
« un jour de délivrance éternelle pour la
« France. Qu'en ce jour de triomphe, le
« peuple français entonne un *Alleluia*
« politique; qu'il se lève, comme le Christ,

« avant l'aube du jour, et qu'il abatte par
« son vote l'orgueil insolent des sangsues
« dont les appointements nous dévorent. »

Hélas ! malgré toutes ces belles promesses et ce lyrisme, le peuple des Vosges resta sourd, et Docteur ne fut pas élu. Il ne se rebuta pas et se représenta aux élections du 13 mai 1849. Il trouvait, tout naturellement, que les premières ne valaient rien et ne se gênait pas pour le dire dans sa circulaire du 27 avril : « L'an
« dernier, sur plusieurs points de notre
« département aussi bien que sur d'autres
« points de la France, les élections ont
« été horriblement mal faites. Grâce à
« l'aveugle ignorance ou à la sotte com-
« plaisance de beaucoup d'électeurs, bien
« des noms aristocratiques et ennemis-nés
« de toute espèce de réforme, sont sortis
« du scrutin du 13 avril. En sera-t-il
« encore ainsi cette année ? Voterons-
« nous encore comme des marionettes ou
« comme des polichinelles de carton, dont
« on fait aller les bras et les jambes comme
« on veut ? »

Mais ce qu'il y avait de plus fort, c'était le *Post-scriptum* de cette profession de foi. Comme l'ancien imprimeur de Raon, tous les candidats de quelque métier qu'ils soient : avocats, médecins, fabricants d'eaux-de-vie, industriels, etc., ne pourraient-ils pas profiter de l'occasion de s'adresser aux électeurs pour faire de la réclame? Voici ce P.-S.; il mérite bien, ce nous semble, d'être donné *in-extenso* :

« Cette circulaire sera livrée gratis, en
« aussi grand nombre que besoin sera,
« aux personnes qui, en vue de l'intérêt
« public, voudront bien la faire prendre
« chez moi. *Elle sera envoyée franco par*
« *la poste à tout citoyen qui en fera la*
« *demande affranchie et qui enverra le*
« *prix du port par un mandat sur la poste*
« *joint à sa lettre. Prix du port pour cent*
« *exemplaires : 1 fr. 25 c.* Je livrerai gratis
« tous les exemplaires que l'on me
« demandera par commissionnaire ou par
« occasion, et dont on se chargera de
« payer le port. »

Il n'y a plus qu'à ajouter : Travail

prompt et soigné. Et en dépit de cette circulaire, adressée cette fois aux *Braves et honnêtes Electeurs du département des Vosges,* Docteur ne fut encore pas élu !..

Voici la profession de foi d'un Déodatien qui se présente, en 1849, aux élections pour l'Assemblée législative. Elle est signée : Jardel-Chevalier, négociant. Elle ne paraît pas très drôle a première vue, mais en la lisant — ce qui n'est pas une petite affaire, car elle a 4 grandes pages, en caractères très-serrés, — on ne peut s'empêcher de sourire.

« Depuis bien longtemps, disait l'hono-
« rable candidat, nos célèbres philoso-
« phâtres, nos fameux économistes, nos
« grands hommes d'Etat, sont à la recher-
« che de ce qui est introuvable, c'est-à-
« dire d'un tout valant mieux que ses par-
« ties, d'une Société valant mieux que les
« membres qui la composent, ce qui équi-
« vaut, mathématiquement parlant, à la
« recherche de la quadrature du cercle,
« de la pierre philosophale et du mouve-
« ment perpétuel.

Et JARDEL-CHEVALIER énumère ce qui est *trouvable* en 24 articles, dont quelques uns sont dignes de M de La Palisse. Il en veut aussi aux gros traitements, et avec raison, mais il est plus large que J. C. Docteur, qui ne voulait pas dépasser 6.000 francs, chiffre qu'il trouvait fort honnête. Jardel va jusqu'au double (12.000 fr.), excepté pour le Président, le vice-Président de la République et les Ministres.

Il termine en parlant de la *régénération*
« *morale des individus*, d'où découleront
« nécessairement, comme de leur source
« naturelle, l'harmonie, la paix et la con-
« corde au sein de la Société ».

Que dire de ce manifeste démesuré, en deux colonnes, au bas duquel on lit le nom de ROBERT, *opticien*, de Tignécourt, canton de Lamarche. Ce qu'il y a de plus comique dans celle-ci c'est le début :
« Orphelin de mère dès ma plus tendre
« enfance et né de parents sans fortune,
« je partis pour la capitale en 1826, à l'âge
« de 19 ans. J'y exerce depuis cette épo-
« que la profession d'opticien ; j'ai donc

« pu voir mieux que personne tous les
« événements qui ont eu lieu depuis cette
« époque. » Malheureusement, il ne dit pas avec quelles lunettes il a le mieux vu !

Mais la palme doit, sans contredit, être décernée au citoyen Jean-Baptiste VILLAUMÉ, ancien géomètre, « présentement domicilié dans la commune de Laveline, canton et arrondissement de Saint-Dié, Vosges, qui donne avis aux électeurs Vosgiens, relativement à l'Election proposée et la nomination des Représentants du Peuple. »

« Citoyens Electeurs, dit-il en posant sa
« candidature en 1849, c'est dans l'inten-
« tion d'être toujours ami de la vérité et
« de la justice, que je viens me placer au
« milieu de vous, pour obtenir une con-
« fiance consolidée, en même temps con-
« sacrée au bien public. L'an dernier, je
« me suis déjà présenté pour candidat ;
« dont ma candidature ne fut répandue
« qu'en diverses communes réunies aux
« cantons de Saint-Dié, Fraize, Saales et

« Schirmeck. Mais un enjolement simul-
« tané se présenta au comble à faire éloi-
« gner les bons sujets de la campagne. »

Quel charabia, Grands Dieux, et comme les électeurs ont dû se tordre en lisant de pareilles élucubrations!... Nous regrettons de ne pouvoir donner les dix-huit articles de son programme politique; ce sont des propositions d'un grotesque tout-à-fait réjouissant, qui paraissent sorties du cerveau détraqué d'un discoureur de cabaret et d'un savant manqué. S'il parle de la doctrine du Christ « qui pourra triompher et prévaloir contre les idées et les passions qui menacent d'engloutir la Société dans un cataclysme universel, » on peut dire qu'il n'en aimait pas les ministres, qu'il appelle « des cajoleurs et brocanteurs d'esprit, qui vous jettent de la poussière dans les yeux et viennent vous embaumer (pour *empaumer !*) sous leur soutane, qui est un voile impénétrable. »

Et, pour finir, écoutez les objurgations qu'adressait Villaumé à ses concitoyens

pour les mettre en garde contre les « brocanteurs d'esprit » et les « hommes d'écus » : « Electeurs, détrompez-vous ;
« ne cherchez plus le luxe. L'année der-
« nière, vous avez cru qu'un gros et haut
« bonnet aurait plus de pouvoir qu'un
« simple villageois : pensez bien qu'un
« bon villageois étant revêtu du caractère
« est aussi puissant qu'un seigneur ou
« évêque. Pensez bien que la République,
« vous remet pour la seconde fois l'arme
« en main, pour vous défendre contre une
« tyrannie aussi criante, que j'appelle
« l'instrument de la plume. Mais l'année
« dernière, vous n'avez pas compris le
« maniement de cet instrument ; vous
« l'avez confié à votre adversaire, qui
« vous a appris la théorie en contre-mar-
« che. Maintenant vous avez rencontré
« votre revanche : ne vous désarmez
« plus ; faites comme le soldat ; si vous
« vous trouvez trop faible, rendez la par-
« tie à un bon soutien, qui comprend la
« théorie par principe. »

Au moins, le candidat de Laveline

n'était pas exigeant. Modeste dans ses goûts et limité dans ses besoins, il saurait se contenter de peu, même à Paris, car « la députation, comme toutes les
« fonctions publiques en général, doit
« être considérée par les hommes cons-
« ciencieux et désintéressés, plutôt comme
« une charge que comme un honneur,
« une spéculation. Aussi, trouvons-nous
« le chiffre de neuf mille francs, alloué à
« titre d'honoraires à chacun de nos Re-
« présentants, comme devant être réduit
« d'un quart ; ou que chaque Représen-
« tant du département des Vosges fasse
« la remise de chacun mille francs aux
« communes de leur département, afin de
« les distribuer aux indigents qui se se-
« raient rendus et portés sur la liste des
« votants... ».

L'auteur de ce galimathias le fit imprimer à Raon-l'Etape chez Docteur. Celui-ci, en homme pratique qu'il était, ne manqua pas de profiter de la circonstance pour ajouter au bas de la circulaire, un petit boniment *pro domo sua* ; « Ledit impri-

« meur s'offre aussi comme Candidat à la
« Représentation des Vosges. Ses senti-
« ments politiques se trouvent exprimés
« dans sa circulaire de 1848 et dans celle
« de la présente année ». Voilà ce qui
s'appelle faire d'une pierre deux coups.
En ferait-on autant de nos jours ? *Quantum mutatus ab illo !*...

Nous eûmes, dans les Vosges en 1867, un candidat plus excentrique encore qui vint solliciter des électeurs de la 3º circonscription le mandat de député au Corps législatif. C'était aussi un toqué, mais un homme doux et inoffensif, un esprit généreux et exalté, désintéressé et convaincu. Il était connu partout, et depuis plusieurs années on avait vu son nom et lu ses circulaires, dans les périodes électorales, aussi bien à Paris qu'en province. Il se nommait Adolphe BERTRON, ancien magistrat, et se proclamait le *Candidat humain,* « parce qu'il n'avait en vue que l'intérêt et le bonheur de l'humanité. » Possédant, disait-il, une fortune au delà de ses espérances, il était sans ambition personnelle et n'appartenait à aucun parti, si ce n'est au parti de la raison et du bon sens.

Malgré sa célébrité et son humanité, malgré tout son ardent désir de doter les peuples de la paix universelle, dont ils auraient si grand besoin, le pauvre Bertron ne réussit pas plus dans les Vosges qu'ailleurs.

Il n'y avait pas que les élections législatives pour passionner l'opinion publique. Les élections municipales avaient aussi leur côté comique. Nous avons sous les yeux la circulaire d'un citoyen de Raon-l'Etape, du 19 Juillet 1865, qui expose ainsi ce que doit être la composition d'une assemblée communale :

« En première ligne, je mettrais un
« médecin ; vous savez de quelle utilité
« il peut être dans les cas de maladie et
« d'hygiène publique. Viendraient ensuite
« un boucher, un débitant de boissons,
« un meunier, si vous voulez, un mar-
« chand d'étoffes, un épicier, etc., etc.
« Toutes ces spécialités feraient un fais-

« ceau et apporteraient au Conseil leur
« contingent de lumières.

« Vous avez encore des limonadiers
« dont je suis l'un ; à ce titre, si vous êtes
« embarrassés, j'offre mes services. »

Le conseil que donnait, en terminant, le candidat raonnais n'était pas dénué de bons sens. « Sans être irréligieux, tant
« s'en faut, je n'aime ni les faux dévots
« ni les hypocrites ; je ne désire pas des
« gens trop occupés de leur âme, et trop
« peu soucieux du bien-être des autres. »

Cette revue rétrospective nous montre que nos Vosges ont eu leurs candidats plus ou moins excentriques. La tradition s'en est soigneusement conservée, car l'originalité et la gaieté sont de tous les temps. Ne voyons nous pas aujourd'hui, dans l'arrondissement de Remiremont, l'ineffable Jean-Claude PARISOT, de Dogneville, dont la candidature « agricole » ne mettra pas en bien grand péril celle de M. Jules Méline, le « Père de l'Agriculture ».

Fesches-le-Châtel (Doubs), 25 avril 1902.

LES
Représentants du Peuple dans les Vosges
EN L'AN II

I

André Foussedoire

On sait quel fut le rôle des Représentants du Peuple envoyés par la Convention nationale en mission dans les départements et près des armées de la République. Il fut terrible, impitoyable, car les pouvoirs dont étaient revêtus ces proconsuls étaient extraordinaires et illimités.

Les horreurs que commirent quelques uns d'entr'eux font frémir et dépassent toute imagination. Il suffit de rappeler les noms des Fouché à Lyon, Barras à Marseille, Carrier à Nantes, Tallien à Bordeaux, et Fréron à Toulon, pour n'en citer qu'un petit nombre.

C'est avec un véritable soulagement qu'on voit les commissaires de la Convention dans le Haut-Rhin et les Vosges, à Belfort et à Saint-Dié notamment, avoir une conduite relativement modérée et ne commettre aucune de ces abominations qui, à cette heure, nous donnent encore le frisson. Aussi l'Histoire, sévère, mais juste, doit-elle avoir une certaine indulgence pour ceux qui, dans cette sombre époque, surent remplir leur redoutable mission avec humanité et mesure, malgré les excitations à la violence et les dénonciations dont ils étaient l'objet.

* *
*

André Foussedoire fut un de ceux là. Né, le 11 octobre 1753, à Issoudun, petite ville du Berry, actuellement chef-lieu d'arrondissement du département de l'Indre, il entra dans les ordres. Ecclésiastique tonsuré du diocèse de Bourges, il s'occupa d'enseignement, et, à la Révolution, embrassa les idées nouvelles, se faisant remarquer par l'ardeur et le talent qu'il mettait à les soutenir. C'est pourquoi il fut élu, le 6 septembre 1792, troisième député-suppléant de Loir-et-Cher à la Convention nationale, et appelé presqu'aussitôt à y siéger en remplacement de Bernardin de Saint-Pierre, le charmant auteur de *Paul et Virginie* et des *Harmonies de la nature*, non acceptant. Il prit place à la Montagne et se fit remarquer par son fougueux républicanisme.

Quand au mois d'octobre 1793, la Convention, pour remédier à l'infériorité de notre cavalerie et la mettre en état de lutter avec celles des armées étrangères, décréta une levée extraordinaire de chevaux dans toute la France, elle nomma le représentant Foussedoire pour aller faire exécuter cette mesure dans les deux départements du Rhin, ainsi que dans ceux du Mont-Terrible et de la Haute-Saône, tout en prenant telles autres qui lui sembleraient utiles et nécessaires dans l'intérêt public. Arrivé à Belfort à la fin du même mois, il fit aussitôt imprimer et afficher une proclamation par laquelle il expliquait l'objet de sa mission. Nous la reproduisons textuellement, d'après l'exemplaire que nous en possédons, et qui sort des presses de J.-F.-N. Comte, imprimeur-libraire à Belfort.

LIBERTÉ, EGALITÉ.

RÉPUBLIQUE FRANÇAISE.

PROCLAMATION

aux corps administratifs, municipalités et citoyens des départements du Haut et Bas-Rhin, de la Haute-Saône et du Mont-Terrible.

Concitoyens,

La Convention nationale m'ayant envoyé auprès de vous pour surveiller et accélérer l'exécution de la loi du 7me jour de la 2me décade du premier mois de l'an 2me de la République, relative à une levée de chevaux dans toute l'étendue du territoire français, mon civisme, encore plus que ma mission, m'engage à vous présenter les réflexions suivantes.

Depuis longtemps les despotes coalisés contre nous ne cessent de faire tous leurs efforts pour renverser l'édifice, encore peu affermi, de notre République naissante ; la félicité que nous présage, pour l'avenir, le Gouvernement libre que nous avons adopté, est pour eux un objet de tourment et d'inquiétudes ; ils ne peuvent se dissimuler que son affermissement prépare l'écroulement de leurs trônes et la liberté du genre humain.

Aussi n'est-il aucun moyen qu'ils ne mettent en usage pour prévenir, ou au moins retarder, les heureux effets que doit nécessairement enfanter notre sainte Révolution.

Mais si pour parvenir à reconsolider leur domination chancelante, et à nous reforger des fers que nous avons brisés avec autant de force et d'intrépidité, ils conduisent contre nous des légions d'esclaves, nous leur opposerons des phalanges formidables d'hommes qui sentent le prix de la liberté. S'ils comptent toujours sur les manœuvres de quelques Français, indignes de ce nom, répandus çà et là sur la surface de la République, la loi contre les gens suspects, exécutée avec une salutaire sévérité, déjoue efficacement leurs mesures à cet égard. S'ils fondent encore l'espoir sur la perfidie de nos généraux, qu'ils sachent qu'un tribunal redoutable a déjà fait tomber sur l'échafaud les têtes de plusieurs de ces grands criminels, et que désormais nos forces, tant de terre que de mer, ne seront plus commandées que par des chefs qui, à la vertu du sans-culottisme, réuniront l'expérience et la bravoure.

Il est encore pour nos ennemis de l'extérieur une autre ressource qui, jusqu'à présent, leur a fait obtenir des succès. Je veux parler de leur cavalerie, beaucoup plus forte et beaucoup plus nombreuse que celle que nous leur avons opposée jusqu'à ce jour, La Convention nationale, toujours attentive à ce qui peut hâter le triomphe complet de nos armes, a donc décrété une nouvelle levée de chevaux, qui, sans nuire essentiellement à l'agriculture ni au commerce, nous formera une cavalerie telle que celle des cannibales couronnés du Nord sera forcée de se retirer ou de périr.

Ainsi, concitoyens, vous sentez combien il est nécessaire, combien il est urgent, qu'en secondant de toutes vos forces les intentions bienfaisantes de la Convention nationale, vous favoriserez, sous tous les rapports, l'éxécution de cette loi. Que le vil égoïsme se taise au cri de la patrie. Sachons encore faire un sacrifice, et ces sangsues du genre humain, je veux dire les rois, seront obligés de s'en retourner, la honte imprimée sur le front, dans leur détestable repaire, où ils n'attendront pas longtemps la vengeance que leurs peuples, une fois éclairés, doivent infailliblement exercer contre eux.

Je finis, Concitoyens, par vous prévenir que les évènements de la guerre survenus depuis l'existence de cette loi m'ont forcé à fixer à Belfort le rassemblement des chevaux que fourniront les quatre départements ci-dessus désignés, et non à Saverne, ainsi que le portait le décret.

A Belfort, le 4me jour de la première décade du second mois de l'an second de la République.

FOUSSEDOIRE,
représentant du peuple.

On avait, en effet, depuis quelques jours, reçu de fort mauvaises nouvelles du nord de l'Alsace et des bords du Rhin. La frayeur était grande dans tout le pays, et il fallait redoubler de précautions et de surveillance. Les arrestations de suspects recommencèrent ; on ne sut bientôt plus où les loger. On jugeait utile d'épurer, mais une direction supérieure était

nécessaire à cette épuration. D'ailleurs, l'esprit public laissait à désirer, moins pourtant à Belfort que dans le reste de la province, ainsi que le constatait Darbelot, un agent du ministre des affaires étrangères qui, de passage dans cette ville le 24 octobre, écrivait à son ministère et ajoutait : « Le pauvre laboureur est fana-
« tisé par les prêtres ; il ne manque rien
« que l'instruction publique ». C'est alors que le représentant Hérault de Séchelles, membre du Comité du Salut public, fut envoyé par la Convention dans le Haut-Rhin. Né à Paris le 20 septembre 1759, il était fils d'un colonel du régiment de *Rouergue* tué à la bataille de Minden.

Le nouveau missionnaire arriva à Belfort le 3 novembre, pendant que son collègue Foussedoire y était encore, plus spécialement occupé à activer le rassemblement des chevaux. Il ne perdit pas une minute. « A mon arrivée, écrit-il le 4 au
« soir au Comité de Salut public, j'ai
« fermé les portes de la ville, j'ai fait
« faire des visites domiciliaires. Le len-

« demain, j'ai convoqué une assemblée
« de toutes les autorités et de tout le peu-
« ple dans une vaste église. J'ai fait jurer
« de nouveaux serments à la République
« française, à la liberté, à l'égalité ; j'ai
« confondu, en présence de toute la ville
« un maire qui en étoit le tyran, je l'ai
« suspendu et déporté à Langres.

« L'esprit public était extrêmement fai-
« ble, pour ne rien dire de plus, quoique
« le district de Belfort passât pour le plus
« patriote de tout le département. Il re-
« monte et ressuscite depuis ces mesures
« de rigueur. Il y a beaucoup à faire sur
« le fanatisme, les subsistances, les assi-
« gnats, les gens suspects, etc. Je me
« propose d'opérer avec rapidité et fer-
« meté ; j'espère que ma présence n'aura
« pas été inutile. »

Le même jour, Hérault prit un arrêté or-
donnant à la municipalité de faire procéder à la levée des scellés apposés sur les
papiers de Barthélemy, garde-magasin des
vivres et fourrages.

Dès le 23 août, les membres du ci-devant Conseil souverain d'Alsace — ce titre sonnait mal, en effet — avaient été arrêtés à Colmar et envoyés à Belfort pour y êtres internés sous la surveillance de la municipalité, sans pouvoir sortir des murs d'enceinte de la ville. C'était, pour cette triste époque, presque de la liberté, et puis, pour ces magistrats, Belfort c'était encore l'Alsace... Hérault aggrava leur situation en les faisant transférer à Langres. Parmi eux se trouvait le conseiller Jean-André de Golbéry, qui avait des attaches avec une notable famille belfortaine, sa fille ayant épousé François Delaporte, commissaire des guerres à Strasbourg, le frère aîné du Conventionnel. Cet ancien magistrat alsacien est un arrière grand'oncle d'un de nos amis déodatiens, M. Gaston de Golbéry, habitant aujourd'hui Epinal.

Le 7 novembre, le représentant supprima les deux comités de surveillance de la commune et les remplaça provisoirement et jusqu'à nouvel ordre, par un comité unique de douze membres plus *zélés*. Par son arrêté, il chargea son collègue Foussedoire, résidant pour quelques jours encore à Belfort, d'organiser ce comité dans le plus court délai :

En conséquence de l'arrêté ci-dessus, nous soussigné, Foussedoire, représentant du peuple, déférant à l'invitation du citoyen Hérault, notre collègue, nommons, pour composer le nouveau comité dont notre collègue a ordonné la création : Faure, libraire ; Mayran, cultivateur ; Netzer l'aîné ; Filiastre, chirurgien ; Besançon, horloger ; Pouchot, boulanger ; Burger, entrepreneur (frère utérin du général Kléber ; fut le premier sous-préfet de Belfort) ; Vénin, négociant ; Guy Clavey ; Feltin, médecin ; Paul George, négociant ; Lavie, cultivateur (ancien député aux Etats généraux).

Enjoignons aux citoyens maire et officiers munipaux de la ville de Belfort de mettre en activité, dès aujourd'hui, ce nouveau comité ;

De faire signifier de suite l'arrêté de notre collègue à chacun des deux comités de surveillance qui sont abolis par cet arrêté ;

Enfin, de veiller à ce que les papiers qui se trouvent dans les bureaux de ces deux comités, soient remis sur le champ entre les mains du nouveau comité.

Nous nous en rapportons du reste au zèle

et au patriotisme des citoyens officiers municipaux de la commune de Belfort.

Fait à Belfort, septidi, 2ᵐᵉ décade brumaire an 2ᵐᵉ de la République.

FOUSSEDOIRE,
représentant du peuple.

En quittant Belfort, Hérault de Sechelles visita l'armée du Rhin, s'occupant des détails de l'administration militaire et se concertant avec le général Pichegru pour diverses mesures de guerre et l'établissement d'un camp à Belfort. C'est à ce moment qu'il apprit par son collègue Lémane, en mission à Strasbourg, que, dans une lettre adressée au maire de cette ville, les royalistes se flattaient de pouvoir compter sur lui. Il demanda son rappel et arriva à Paris le 15 décembre afin de se justifier. Mais déjà le ci-devant aristocrate, l'ancien avocat-général au Parlement, l'ami de Madame de Polignac et le protégé de la reine, avait cessé de plaire aux Jacobins et aux terroristes. Il fut dénoncé à la Convention par Bourdon, comme noble et entretenant des liaisons suspectes. Bentabolle et Couthon eurent beau le défendre, la haine de Robespierre, qui le craignait, le poursuivait impitoyablement. Celui-ci, alors à l'apogée de sa puissance, l'enveloppa dans sa lutte contre Danton. Il fut décrété d'arrestation, condamné à mort le 27 mars et exécuté le 5 avril 1794.

* *

Il ne faut pas s'étonner en voyant les dénonciations pleuvoir de toutes parts et atteindre les Représentants du peuple eux-mêmes. Le pays était littéralement infestés d'agents de toutes sortes, les uns envoyés par le Comité de Salut public, les autres par les ministères de l'Intérieur et des Relations extérieures. On avait vu un de ces derniers, le 24 octobre, à Belfort, qu'il quittait le lendemain pour aller faire son inspection dans les districts de Porrentruy et de Montbéliard. Quelques jours auparavant, le 11, les citoyens Jametz et Tiret étaient arrivés, comme commissaires du Comité de Salut public, chargés spécialement de faire exécuter les décrets des 23 juillet et 3 août concernant la conversion des cloches en bouches à feu. Ces agents, presque tous jeunes et exaltés, nommés à la hâte, choisis au hasard et sans discernement, cherchaient avant tout à faire du zèle, empiétant l'un sur l'autre, se dépassant en violence, en espionnage et en dénonciations. Les Représentants en mission n'avaient pas de pires mouchards que ces *sans-culottes*, qui s'abattaient comme grêle sur tous les points du territoire pour stimuler le zèle et le patriotisme des autorités et des populations.

A peine Foussedoire avait-il franchi les murs de Belfort qu'arrivèrent deux agents du redoutable Comité, des jeunes gens, commis-voyageurs du terrorisme, courant le pays pour *chauffer* les sans-culottes. Ils venaient passer l'inspection des fonctionnaires et brandir sur la tête des modérés cette arme terrible qui s'appelait *dénonciation*. Leur première visite fut pour le général de brigade Eickmeyer, qui commandait la place depuis le 14 septembre et était leur compatriote.

L'un se nommait Frédéric-Charles-Joseph Haupt, de Mayence. Il était fils d'un conseiller aulique et n'avait guère plus de 21 ans. Rodolphe Eickmeyer le connaissait pour l'avoir eu comme élève à l'Université mayençaise quand il y professait, comme lieutenant-colonel du génie, l'art de la fortification. Il l'avait revu, l'année précédente, au club qui s'était organisé à Mayence aussitôt après l'entrée de Custine dans cette ville. Tout frais émoulu de l'Université, il se faisait remarquer par sa fougue, son exagération, et aussi par de réels talents de propagandiste. Il fut pendant quelques mois aide-de-camp de Neuwinger, puis, à la suite des certificats de Jacobinisme que lui accordèrent ses « frères » de Strasbourg et de Mayence le 24 mai et le 1ᵉʳ octobre 1793, fut choisi comme agent du Comité de Salut public, qui l'envoya à Belfort et le chargea de surveiller la frontière, aux appointements de 500 francs par mois. C'était un joli denier pour une époque où les armées de la République manquaient de tout, mais il paraît que l'on jugeait à Paris la correspondance de Haupt « comme active et utile ».

Celui-ci était dignement secondé par son ami et collègue, Jean Mercklein qui, un des premiers, s'était fait incrire au club de Mayence, en se déclarant pour la Constitution française. Aussi Haupt l'avait-il demandé comme second, et, dans une lettre datée de Belfort (tridi de la 3e décade de brumaire an II), répondait-il de lui sur sa tête.

Tels étaient les deux personnages qui se présentèrent, un beau matin de novembre 1793, chez le général Eickmeyer, qui de suite les reconnut et vit à qui il avait affaire.

Les choses étaient bien changées ; ce fut au tour du maître de subir l'interrogatoire du disciple. Le disciple fut mécontent, et quitta son ancien professeur en le menaçant de la guillotine. Puis, avec son fidèle compagnon, il courut à l'église. C'est alors que se passa une scène révoltante, qui impressionna vivement la plus grande partie de la population belfortaine. Une bande de forcenés attendait les deux terroristes. Haupt, sans tarder, monta en chaire et prêcha Peu de prédicateurs eurent un pareil succès. Quand le sermon fut fini, la foule se rua sur le sanctuaire, envahit les sacristies, saccageant et brisant tout. Les confessionnaux furent enlevés et mis en pièces à coups de hache, ainsi que les bancs, les autels dépouillés de leurs ornements, les vêtements sacerdotaux souillés et lacérés, le tabernacle profané. On entassa tous ces débris au milieu de la place d'Armes, en face du perron de l'église ; on en fit une sorte de bucher, au sommet duquel on dressa le statue de saint Christophe, une toute vieille statue en bois très vénérée dans le pays. On y mit le feu, et les sans-culottes dansèrent autour en proférant d'horribles blasphèmes et en chantant la *Carmagnole* et le *Ça ira*.

Ce fut avec une indicible stupéfaction et un douleureux serrement de cœur que la plupart des gens de Belfort virent disparaître dans les flammes l'image de leur patron. Elle était, en effet, de temps immémorial, l'objet de fréquentes et pieuses visites de la part des mères et des nourrices qui venaient faire toucher à leurs enfants la statue du fier et robuste porte-Christ afin d'éloigner d'eux tout sentiment de peur et de leur donner force et courage pour supporter les épreuves de la vie.

Cette scène abominable a passé en quelque sorte dans le domaine de la légende. Dans notre jeunesse, nous avons entendu bien des personnes prétendre que sur la Place de Belfort il y a un certain endroit où le pavé n'est jamais mouillé par l'eau du ciel : c'est celui qui, le 14 novembre 1793, jour de la diabolique bacchanale, fut recouvert par les cendres de la statue. Notre grand'père, Mathieu Bardy, chirurgien-major à l'armée du Rhin, à Belfort depuis quelque temps, assistait, du perron de l'église, à cette scène impie. C'est de lui que nous en tenons le récit.

Que devint ensuite Haupt, le principal

auteur de ce sacrilège ? Voici la fin de son histoire, qui ressemble pas mal à celle de beaucoup de politiciens une fois *nantis*. La République disparait, puis le Directoire ; les églises sont rendues au culte ; Châteaubriand, avec son *Génie du Christianisme*, ramène dans les cœurs l'antique religion, tout en créant une poésie nouvelle ; l'ex-agent du Comité de Salut public se convertit ; la ville de Rome est édifiée de la piété du disciple de Robespierre et de Saint-Just ; l'iconoclaste de Belfort est décoré de l'Ordre de l'Eperon d'Or ; il reçoit la bénédiction du Pape, et puis il va mourir en Russie à la suite de l'armée française, non pas en soldat, il était commis ou employé, n'importe : c'eût été une trop belle mort pour un homme qui regrettait de n'avoir pas fait guillotiner son père....

Nous venons de parler de quelques-uns de ces agents révolutionnaires dont était inondé le pays. Ceux-ci étaient régulièrement munis de pouvoirs. Mais, au milieu de tout le désordre d'une époque si troublée, il y avait aussi de faux commissaires de la Convention, de faux agents du Comité de Salut public. L'un d'eux, nommé Thiri, vint peu de temps après visiter le Haut-Rhin. Son aventure est assez singulière pour être contée. Il était à Neuf-Brisach quand le 24 ventose an II, il quitta cette ville pour se rendre à Ottmarsheim, village sur les bords du Rhin, où se trouvait le quartier-général. Là, il prit un arrêté par lequel il ordonna à la municipalité de compléter une somme de 2000 livres, dont il se réservait d'indiquer l'emploi. Il fit des visites domiciliaires chez plusieurs citoyens et en retira divers effets ; courut à la Société populaire, se disant délégué du Comité de Salut public. Il fit don de 200 livres et demanda d'être reçu membre de la Société, ce qui lui fut accordé. Il y pérora à plusieurs reprises. Son ineptie donna des soupçons à plusieurs membres du club, qui allèrent avertir le commandant Vernesson, chez qui le personnage devait souper. Pendant le repas, on lui demanda le titre qui constatait son caractère ; chaque ligne de cette pièce en démontrait la fausseté.

LIBERTÉ, ÉGALITÉ

Extr. des registres du Comité de Salut public de la Convention.

A tous officiers civils et militaires, chargés de surveiller et de maintenir l'ordre public dans les départements, il est ordonné de laisser passer librement et sans souffrir qu'il lui soit donné aucun empêchement, le citoyen Etienne Thiri, envoyé par la Convention nationale dans différents départements pour y surveiller l'esprit public et faire respecter les lois ; âgé de 24 ans, taille de 5 pieds 8 pouces, front haut, yeux gris, nez bien fait, bouche ordinaire, menton rond, visage ovale et peu allongé, cheveux et sourcils chatains, marqué de plusieurs cicatrices.

Nous invitons les autorités constitués militaires de prêter la main à ce que ledit délégué puissent remplir, sans entrave quelconque, l'objet de sa mission et veiller à l'observation des lois, et de se joindre à lui lorsqu'il les aura requis.

Paris, 21 frimaire, l'an 2ᵉ de la République française, une et indivisible.

JULIEN, secrétaire.
J. BARER (*sic*). COUTHON

A l'inspection de ce papier, les doutes se changèrent en certitude. En effet, aucun sceau n'y était opposé; la signature de Couthon était barbouillée et celle de Barrère mal orthographiée. Le commandant Vernesson n'hésita pas un instant. Il donna l'ordre de l'arrêter et de le conduire sous bonne escorte à Neuf-Brisach, où il fut mis en prison.

※

Le représentant Foussedoire avait pu remplir sa mission sans encombre et revenir à Paris reprendre sa place au sein de la Convention. Il y était depuis peu de temps quand, le 29 décembre 1793, le Comité de Salut public nomma les représentants chargés d'aller dans les départements exécuter les mesures de salut public pour l'établissement du Gouvernement révolutionnaire décrété, sur le rapport de Saint Just, le 14 frimaire an II. Il fut désigné pour se rendre dans les Vosges et le Haut-Rhin.

Parti de Paris le 28 janvier 1794, Foussedoire arriva le 31 à Epinal, où il fut reçu par Dieudonné Dubois (de Saint-Dié) et Poirson, qui lui présentèrent les hommages de l'Administration départementale. Il se rendit aussitôt à la salle des séances et se plaça au Fauteuil du Président, puis exposa le but de sa mission, et donna les interprétations qu'on sollicita de lui sur divers articles de la loi du 14 frimaire. Il fit mettre à exécution les arrêtés pris quelques jours auparavant par son collègue Balthazar Faure, puis parcourut le département de Mirecourt à Remiremont. Le 2 avril, il était à Saint-Dié, qui s'appelait alors Ormont. Le jour de son arrivée, il lança un arrêté rappelant à leur poste tous les volontaires en congé, même ceux qu'on avait rendus à leur famille pour les travaux des champs. Il organisa ensuite l'administration forestière du district en nommant pour premier administrateur François-Simon Dubois, ancien avoué, frère de Dieudonné Dubois, le futur préfet et conseiller d'Etat ; pour second, Jean Baptiste Tisserand, auparavant greffier du juge de paix du canton de Rambervillers, et pour procureur du pouvoir exécutif Joseph Clément, qui en faisait déjà les fonctions ; l'arpenteur, Jean-Nicolas Bareth, restait dans la place qu'il occupait déjà du temps de l'ancienne maîtrise des Eaux-et-Forêts, et Jean Antoine était nommé greffier.

Enfin, le représentant du Peuple procéda à l'épuration des autorités constituées de la commune. Par son arrêté du même jour 13 germinal, notifié au Conseil général par l'agent national du district, les autorités devaient rester en fonctions, sauf le remplacement de Louis Claudel, décédé, par Jean-Baptiste Idoux, de la Pêcherie. Les places de François Barthélemy et de Charles-Mathias Salmon furent déclarées vacantes et remplies par Pierre Humbert de Robache, et Jean-Nicolas Trexon. Salmon sortait du Conseil général, où il remplissait les fonctions de suppléant de l'officier public pour la rive droite, pour devenir président de l'administration du district.

Avant de quitter Saint-Dié, Foussedoire donna des ordres afin d'activer la fabrication du salpêtre et du charbon pour la poudre dont les armées avaient le plus pressant besoin. En somme, il ne prit aucune mesure de rigueur et ses épurations se bornèrent à peu de choses.

*
* *

Des Vosges il alla dans le Haut Rhin, mais nous ne saurions préciser à quelle date. Là, sa conduite fut plus révolutionnaire. C'est que depuis qu'il avait quitté ce département, au mois de Novembre précédent, il s'était passé bien des événements. Son ancien collègue et ami, Hérault de Séchelles, partageant le sort de Danton, était mort sur l'échafaud le 5 avril. Foussedoire n'avait garde de se laisser comprendre dans sa disgrâce. Répudiant les amis que son prédécesseur avait laissés dans le Haut-Rhin, il pratiqua parmi eux des épurations, mais ne réussit pas à son gré contre le « fanatisme ». Le 27 avril (8 floréal), il écrivit de Belfort au Comité de Salut public combien il en éprouvait d'embarras. Nous reproduisons cette lettre, malgré sa longueur, parce qu'elle dépeint bien quel était à ce mo ment l'état de l'esprit public dans la Haute-Alsace et la partie limitrophe des Vosges ;

Le Représentant dans les Vosges et le Haut-Rhin au Comité de Salut public.

Belfort, 8 floréal an II

Citoyens collègues,

Mes occupations multipliées et la rapidité de ma marche dans les deux départements que je suis chargé de parcourir, tant pour épurer les autorités constituées que pour apaiser les troubles que suscitaient ou tentaient de susciter le fanatisme et la malveillance, m'ont empêché de vous rendre compte de mes opérations aussi souvent que je l'aurais désiré.

J'ai déjà commencé à Belfort les épurations ; c'est la seule commune populeuse, avec celle de Massevaux, où je n'ai pas encore rempli ma mission.

Dans toutes les communes que j'ai parcourues, j'ai renouvelé avec succès les autorités constituées. Aussitôt que j'ai appris la trahison d'Hérault, je me suis empressé d'épurer de nouveau les autorités constituées de Colmar et de Huningue : je vous l'ai déjà annoncé à l'égard de Colmar ; les résultats de ces deux opérations feront la matière d'une lettre particulière. Partout, j'ai réchauffé le patriotisme, ranimé l'espérance, dissipé les craintes sur le manque de subsistances. J'ai vigoureusement attaqué le fanatisme, la cupidité et l'agiotage avec les seules armes de l'instruction ; mais il est dans chacune de ces classes des êtres incorrigibles qui me forcent de vous proposer des mesures plus efficaces encore. Partout, j'ai établi et fait marcher le gouvernement révolutionnaire. En général le peuple est sincèrement attaché à la Convention nationale et au Comité de Salut public. J'ai donné un nouveau degré à ce sentiment patriotique, que les malveillants et les prêtres surtout cherchent à affaiblir.

J'ai fait une remarque très importante : c'est que les contrées les plus infectées par la présence des prêtres sont moins disposées en faveur de la Révolution que celles où les prêtres sont plus rares. La circulation des subsistances et la confiance sont à peu près nulles dans les premières ; l'agiotage s'y montre avec audace ; tandis que dans les dernières le dévouement à la patrie y est plus prononcé, la confiance mieux établie et les assignats plus en crédit. Les maux qui peuvent résulter des manœuvres sourdes des prêtres sont incalculables, si l'on n'y remédie au plus tôt. Les instructions multipliées que j'ai répandues ne sont pas suffisantes. J'ai parlé de la religion sans entrer dans des discussions théologiques. J'ai parlé de la Divinité en homme profondément pénétré de son existence, et je l'ai dégagée de tous les attributs mensongers dont les prêtres l'ont déshonorée si longtemps. Je me suis à cet égard renfermé dans les dispositions de la loi du 18 frimaire, et j'ai rempli les vues du Comité de Salut public. Mais il faut des moyens correctifs pour comprimer l'agiotage, la cupidité et le fanatisme.

Je vous propose, citoyens collègues, de m'autoriser spécialement à mettre en arrestation les prêtres dont la conduite me paraîtra suspecte ; car j'ai vu que, dans plusieurs communes, les Comités de surveillance avaient été ou les fauteurs ou les dupes de ces astucieux ; à organiser un tribunal criminel dans chaque département, lequel sera autorisé à juger révolutionnairement, et sans l'entremise des jurés, tous les faits qui sont relatifs à l'agiotage et à la suspicion des prêtres seulement.

Au reste, citoyens collègues, vous pouvez compter que si les circonstances devenaient tellement impérieuses qu'il fallut employer sur le champ des mesures énergiques, je saurais les développer provisoirement, et en attendant votre réponse.

Salut et fraternité

FOUSSEDOIRE.

Ainsi qu'il l'avait annoncé, Foussedoire écrivit de Belfort au Comité, le lendemain 28 avril (9 floréal), pour lui donner des détails sur la situation à Colmar.

Le 30 avril, il prit un arrêté par lequel il mettait en liberté François-Philippe Schœnau, d'origine suisse et procureur général de l'Ordre de Malte, arrêté à Strasbourg le 3 août 1793, détenu à Belfort depuis cette époque, et réclamé par le canton de Bâle. En rendant compte au Comité de cette mesure, il lui demandait de prendre une prompte détermination au sujet de la citoyenne Fériet, réclamée par le canton d'Uri.

Le 2 mai, il procéda à l'épuration des autorités constituées de Belfort. George Roussel fut nommé maire, avec Christophe Ventrillon, Charles Chardoillet, Barthélemy Legrand, Henri Gilles, Xavier Lebleu, François Genty, Joseph Verneur père et Pierre Mairot comme officiers municipaux Artus, nommé agent national le 12 janvier, fut maintenu en fonction, que, du reste, il ne put remplir que bien peu de temps puisqu'il mourut le 4 juin.

Les notables désignés furent : J.-P. Clavey l'aîné, Nicolas Oriez, Béat Lambalot, Nicolas Judice, Pierre-Didier Degé, Antoine Crevat, Joseph Netzer père, Meinrad Stroltz, François Grosjean, Nicolas Blétry, Ch. Bourrier père, François Vieillard, Jacques Keller, Christophe Rivé, Joseph Charlet, Jacques Béchaud, François Montpoint, Paul-Joseph Boillot ; — Ellerique, secrétaire-greffier.

Ce nouveau Conseil général fut installé le 5 mai. Le 3, Foussedoire avait écrit au Comité pour lui rendre compte des épurations pratiquées à Colmar, à Altkirch et à Neuf-Brisach.

Le 25 mai (6 prairial), nous le voyons à Colmar, où il décréta que tous les détenus, riches et pauvres indistinctement, auraient la même nourriture frugale aux frais des riches détenus. Le même jour, il écrivit au Comité une lettre dans laquelle il disait :

Citoyens collègues, je vous ai rendu compte de mes opérations dans le département du Haut-Rhin, relativement à l'établissement du gouvernement révolutionnaire. L'épuration des autorités constituées est achevée dans les grandes communes. J'ai lieu d'espérer que la marche révolutionnaire n'éprouvera aucun obstacle de la part des fonctionnaires publics. Les craintes par rapport aux subsistances se dissipent, et l'espoir d'une abondante moisson les fera bientôt entièrement disparaître. Les progrès de la raison y sont lents, et les prêtres qui abusent toujours des lois, même les plus favorables à la liberté des cultes, contribuent toujours à entretenir un foyer de fanatisme que l'ignorance et la diversité des langues ne peuvent qu'alimenter davantage… Je vous ai encore envoyé des pièces relatives à quelques prêtres fanatiques des districts de Bruyères et Saint-Dié, département des Vosges, et à des réclamations de deux Suisses détenus dans les maisons d'arrêt du département du Haut-Rhin ; je n'ai reçu aucune réponse sur ces objets, et je suis journellement assailli de réclamations, surtout pour l'affaire des deux Suisses.

Nous voyons par une délibération du Conseil général de la commune de Belfort que Foussedoire était encore à Colmar le 6 juin, et que c'est vers cette époque qu'il fut rappelé à la Convention. Il y avait repris place, en effet, depuis quelques jours, lorsque le 14 de ce mois (26 prairial) la Société populaire d'Épinal lui écrivit une lettre de remerciements et de félicitations, à laquelle il répondit qu'il se rappelait toujours avec attendrissement les marques d'amitié et de confiance, et surtout le « républicanisme pur et ardent » de la Société populaire d'Épinal. C'est pourquoi ce fut lui qu'on chargea, avec Perrin, de défendre le département des Vosges devant la Convention nationale, qui l'accusait d'inertie et d'insouciance.

On peut dire que les missions de ce Représentant dans les Vosges et le Haut-Rhin ne furent pas empreintes d'un terrorisme bien accentué, comme celles de beaucoup d'autres de ses collègues. C'est une justice qu'il convient de lui rendre. Ainsi, il quitta les Vosges sans avoir commis le moindre excès, et en y laissant, dit M. Félix Bouvier (*Les Vosges pendant la Révolution*, p. 280) le souvenir d'un homme calme, juste et modéré. De même à Belfort, il n'avait laissé aucun mauvais souvenir, et notre grand'père Mathieu Bardy, qui avait eu l'occasion de le connaître pendant les deux séjours qu'il fit dans cette ville, nous en a parlé comme étant d'un abord facile, très instruit, laborieux et de mœurs irréprochables ; mais, comme tous les défroqués, il nourrissait contre les prêtres et ce qu'on appelait alors le « fanatisme » une haine violente. Cela avait suffi pour le mettre jusque là à l'abri des dénonciations.

Il n'en fut plus de même lors de la réaction qui suivit le 9 thermidor. Il fut en butte à la malveillance et aux rancunes des vainqueurs. Dans la séance du 12 germinal an III, André Dumont le dénonça du haut de la tribune. Son arrestation fut ordonnée ; on le conduisit au fort de Ham. L'amnistie du 4 brumaire an IV le rendit à la liberté. La loi du 12 Janvier 1816 contre les régicides l'exila de France. Il se retira en Suisse, à Lausanne, où il mourut en 1825 sous un faux nom ; il se faisait appeler M. de la Montinière.

Lafeschotte, 30 juin 1902.

TABLE DES MATIÈRES

	Pages
A propos d'Étymologie. Le Haut-de-Fête	3
Les Sires de Parroy au Chapitre de Saint-Dié	15
Candidatures excentriques dans les Vosges	33
Les Représentants du Peuple dans les Vosges en l'an II	51

S¹-Dié. — Imp. Humbert, C. CUNY, S⁺.

www.ingramcontent.com/pod-product-compliance
Lightning Source LLC
LaVergne TN
LVHW050617090426
835512LV00008B/1530